12240

Raousset Boulbon

Sansote

RÉCIT

DE

L'EXPÉDITION EN SONORE

DE M. LE COMTE

GASTON DE RAOUSSET-BOULBON,

En 1854,

Par le Dr J. B. PIGNÉ-DUPUYTREN.

"Nascetur e cladibus ultor."

SAN FRANCISCO,

L. ALBIN PERE ET FILS, EDITEURS,

148, RUE WASHINGTON

1854.

C.

A M. LE COLONEL FREMONT.

Vous connaissiez depuis longtemps les projets de Raousset sur la Sonore ; vous aviez été à même d'apprécier la loyauté de son caractère et la grandeur de ses vues.

En me permettant, cher Colonel, de placer votre nom en tête de ce travail, vous donnez une marque publique d'estime à sa mémoire ; je vous en remercie au nom de ses amis.

San Francisco, 8 novembre 1854.

Dr PIGNÉ-DUPUYTREN.

IMPRIMERIE DE L. ALBIN PERE ET FILS.

G.H.Burgess Lith.

Lith of Britton & Rey S.F.

RÉCIT

DE L'EXPÉDITION EN SONORE

DE

M. le Comte GASTON DE RAOUSSET-BOULBON,

En 1854.

A M. FERDINAND CHAUVITEAU.

MON CHER FERDINAND,

Je t'adresse cette lettre par la voie des journaux, non, bien entendu, pour que tu la reçoives plus tôt, mais pour que le public connaisse dans le plus bref délai possible, tout ce qui se rattache à l'expédition de notre ami commun. La calomnie s'empare si rapidement des faits, que l'intention sera près de toi l'excuse de l'indiscrétion que je commets. 50 jours de prison et 47 jours de navigation m'ont empêché de te faire parvenir ce récit immédiatement après les événements.

Quæque ipse miserrima vidi
Et quorum... Pars fui.

Ayant depuis longtemps été admis dans l'intimité de M. le comte Gaston de Raousset-Boulbon, et ayant été chargé par lui de tracer l'histoire de l'expédition qu'il dirigeait en Sonore, je dois à sa mémoire d'exposer à ses amis, et surtout à ses ennemis, les motifs de son entreprise et de faire connaître à tous, les causes qui ont amené son insuccès ainsi que la fatale tragédie qui en a été le résultat. Je serai sincère dans l'exposé que je vais faire ; je parlerai avec franchise, et aucune considération ne m'empêchera de signaler les hontes que je rencontrerai sur mon passage.

Chacun sait que les projets de Raousset sur la Sonore remontent à plusieurs années : l'argent, le temps, les voyages, rien ne lui a coûté pour rechercher et posséder les renseignements qui lui étaient nécessaires pour connaître à fond ce malheureux pays, au point de vue civil et militaire. Les documents qu'il s'est procurés sur l'armée, la marine, les finances, l'instruction publique, l'agriculture, les mines, les travaux publics, le commerce, sont immenses ; ceux qui ont trait aux libertés civiles et religieuses présentent le plus haut intérêt. Ces documents feront peut-être un jour le sujet d'une publication spéciale ; toutefois, nous devons dire que la majeure partie d'entre eux représentent ce pays comme un des plus beaux et des plus fertiles, mais en même temps un des plus malheureux, si le bonheur dans ce monde consiste dans la possession et la jouissance des biens de la terre.

Comment pourrait être heureux un peuple qui ne possède aucun commerce, aucune industrie, qui ne tire aucun parti de ses richesses agriculturales et minéralogiques, et qui cependant est obligé de contribuer aux charges écrasantes d'un gouvernement local et d'un gouvernement central ? Les exactions de tout genre sont si prodigieuses, les dilapidations si audacieuses et si multipliées, qu'une piastre qui arrive au trésor central, coûte huit piastres au peuple qui la paie.

Du reste, il faut être bien peu versé dans l'histoire des anciennes colonies espagnoles, pour ne pas connaître le degré d'abaissement et de dégradation dans lequel la plupart d'entre elles sont tombées. Aussi, est-il étonnant qu'un homme instruit, audacieux dans ses projets, d'une énergie physique et morale très grande, amoureux de la liberté, ait été pris de passion pour l'indépendance d'un pays tombé si bas, mais si facile à relever, à cause des immenses ressources disséminées à foison à la surface et dans la profondeur de son sol ? Du moment où de Raousset conçut ce projet, et ce fut en 1850, toutes ses facultés semblèrent se concentrer vers ce pays. En 1852, il obtint une part dans une vaste exploitation de mines, à condition qu'il en prendrait possession. Il partit avec un certain nombre de Français ; son but alors était non seulement l'exploitation des mines, mais encore et surtout de rechercher au cœur même du pays les moyens d'élever la Sonore au rang des nations libres et indépendantes. On sait quel fut le résultat de cette expédition ; de Raousset revint à San Francisco riche de renseignements et surtout ayant noué, dans le pays, des liaisons qu'il se proposait d'utiliser dans un avenir plus ou moins éloigné.

Pendant son absence de San Francisco, les Français établis dans les mines de Californie avaient été persécutés par un certain parti américain ; à l'époque de son retour, ces persécutions étaient devenues plus générales et prenaient, sur quelques points, des proportions alarmantes. Alors Raousset conçut l'idée d'utiliser au bénéfice de ses projets tous les Français mécontents, et bientôt rien ne sembla devoir l'arrêter dans l'étendue des projets qu'il méditait sur la Sonore. En Californie, les tracasseries, les persécutions et surtout l'établissement de cet impôt odieux connu sous le nom de *taxe des mineurs*, augmentaient tous les jours le nombre des mécontents ; en Sonore, les ravages et les audacieuses incursions des Apaches, forçaient les rancheros à abandonner leurs propriétés et leurs animaux à ces sauvages qui, après avoir pillé les campagnes et même les villes, se retiraient dans leurs repaires. Tout engageait Raousset à précipiter les événements et à donner immédiatement cours à ses projets. Les lettres nombreuses qu'il recevait de la Sonore par chaque courrier l'appelaient à grands cris ; tous ces rancheros dépouillés par les Apaches et ceux qui redoutaient leurs visites, lui mandaient que dans l'impuissance où était l'administration de les secourir, ils n'avaient d'espoir qu'en lui, que tout le monde attendait sa venue, etc., etc.

Santa Anna venait d'arriver au pouvoir, une partie des idées de Raousset lui était connue, et croyant pouvoir s'en faire un appui, il le fit prier, par l'intermédiaire du consul de France, de se rendre à Mexico. Ce dernier lui envoya un sauf-conduit, délivré par Santa Anna. Malgré toutes les circonstances favorables à l'exécution de ses projets, Raousset craignant d'apporter la guerre civile en Sonore, et ne voulant agir que par des moyens pacifiques, voulut tenter une nouvelle démarche, qui, si elle réussissait, le conduirait au résultat désiré avec l'assentiment de l'autorité centrale. Il partit donc de San Francisco pour Mexico. Mis en présence de Santa Anna, les pourparlers commencèrent : le but et les projets furent en partie avoués et détaillés par Raousset et approuvés par le président ; mais quand il s'agit de discuter les moyens, il fut impossible de tomber d'accord, et après une série de conférences qui eurent lieu soit avec les ministres isolés, soit en conseil des ministres présidé par Santa Anna, on ne put s'entendre et les choses en restèrent là. Raousset partit pour San Francisco, où il arriva avec l'idée bien arrêtée d'entrer immédiatement en campagne.

Pendant son absence, M. Walker avait organisé son expédition ; il fit offrir à Raousset de lui donner un commandement ou bien de le mettre à même, pécuniairement parlant, de monter une expédition française qui devait agir de concert avec l'expédition américaine. Raousset refusa net. Il travailla donc activement à organiser son expédition, et alors commença dans les journaux de San Francisco une polémique vraiment extraordinaire. — Les uns prétendaient que Raousset était un agent de Santa Anna ; que son expédition avait pour but de tailler un manteau impérial au président du Mexique et de lui fournir des soldats nécessaires à surmonter les obstacles locaux. Ce qui précède prouve l'absurdité d'une semblable hypothèse. D'autres pensaient que Raousset agissait pour le compte de la France ; que Napoléon III, dans la prévision d'événements futurs, avait besoin dans le Pacifique d'un pied-à-terre voisin des Etats de l'Union, et avait jeté les yeux sur la Sonore ; que Raousset était chargé en sous-main d'en faire la conquête ; avoué s'il eût été vainqueur, désavoué en cas de revers. Une pareille hypothèse tombe devant le seul fait que Raousset n'avait pas d'argent, et que s'il eût agi pour le compte de la France, argent, fusils, canons, rien ne lui aurait manqué. Dans ce cas, les événements auraient pris une tout autre tournure, et nous n'en serions pas aujourd'hui à déplorer la pénurie qui nous a ôté les moyens d'action les plus énergiques. — D'autres ont prétendu que cette expédition était organisée par Santa Anna et les gens du pays, uniquement pour s'opposer aux progrès envahissants des Américains. Assertion stupide, qui prouve une ignorance absolue des faits, car la négociation engagée à Mexico entre Raousset et Santa Anna, a été rompue parce que le premier demandait un corps de 500 Français, tandis que le président ne voulait en accorder que 300. Or, il est évident pour tous, que ces chiffres étaient dérisoires s'il s'était agi des Américains. — D'autres ont prétendu que cette expédition était tout simplement une expédition de flibustiers. Si cela eût été, Raousset n'aurait pas refusé la fusion avec M. Walker ; confondant leurs intérêts, ils confondaient leurs moyens, ce qui doublait leur force et leur assurait le succès. Il a échoué dans son entreprise, a été fait prisonnier, mis en jugement et condamné à mort ; mais il n'a été question ni parmi les juges, ni dans le public, de flibusterie, ni de piraterie, et sa condamnation n'a rien de déshonorant, parce qu'il a été démontré que si le résultat a été fatal, le but était grand et généreux. Aussi, comme nous le verrons plus tard, sa condamnation a été l'œuvre de quelques hommes seulement ; le peuple versait des larmes pendant son exécution, et tous les gens sensés ont blâmé ses juges et regretté sa mort.

Telles sont les diverses opinions émises par la presse de San Francisco sur le but de cette expédition. Il en est une autre enfin que nous trouvons consignée dans une lettre en date du 11 février 1854. Cette opinion a été émise par un homme né en France, établi depuis longtemps dans le Mexique ; la publication de son nom sera la seule flétrissure qui lui sera infligée ; la copie d'un fragment de sa lettre suffira pour en montrer toute la niaiserie :

A M. Michel Blanco, général, à Mexico.

« ..... Dans un autre temps, M. le général, je vous fis connaître tout ce que je pensais touchant le comte en conquête ; les événements confirment malheureusement mes prévisions ; je devinais juste : ce n'est pas des mines qu'il voulait, il n'en veut pas encore, il ne veut qu'un sceptre, etc.

Agréez, M. le général, etc.

Signé : J. LARTIGUE. »

Raousset un sceptre ! Ses plus grands ennemis n'avaient pas encore songé à cette insulte, c'est un Français qui la lui adresse. Que tout l'odieux d'une semblable accusation retombe sur son auteur. Je dirai en passant que ce J. Lartigue est un ami intime de M. Calvo, consul de France à Guaymas, ainsi que le prouve un autre passage de la lettre sus-indiquée et dont j'ai l'original entre les mains.

Ainsi donc, l'expédition de Raousset n'était pas santaniste et n'était pas bonapartiste ; elle n'était pas anti-américaine ; ce n'était pas non plus une expédition de flibustiers, pas plus qu'elle n'était faite dans un but personnel à son auteur. Nous allons dire à présent ce qu'elle était en réalité.

Raousset désirait avant tout que la Sonore se déclarât nation libre et indépendante de Mexico, ayant ses administrations nommées par elle et pour elle ; il ne comprenait pas comment une province si complètement oubliée, négligée, pût consentir à payer un impôt qui devait être employé aux besoins d'un gouvernement central, mais dont elle ne retirait aucun bénéfice ; il ne concevait pas comment la Sonore pouvait consentir à prélever sur ses besoins les plus impérieux, des sommes destinées à solder une administration centrale qui ne l'administrait qu'à l'aide d'agents qui semblaient n'avoir d'autre mission que de la piller ; il ne concevait pas comment la Sonore consentait à payer une armée qui ne pouvait la protéger contre des sauvages dont l'audace augmentait avec l'impunité ; il ne concevait pas comment la Sonore consentait à payer une police centrale qui laissait les voleurs et les brigands infester impunément les grandes routes, et qui n'empêchait de circuler que les honnêtes gens qui ne payaient pas d'une manière onéreuse le droit de locomotion. Il ne concevait pas enfin comment la Sonore consentait à payer une adminitration centrale qui vendait très cher le droit au travail, qui frappait d'un droit de 150 à 200 pour 100 *ad valorem*, les produits étrangers, favorisait la contrebande, ruineuse pour le trésor et ruineuse pour le consommateur, enfin qui, frappant d'un droit exhorbitant les produits indigènes destinés à l'exportation, paralysait complètement l'industrie.

Ainsi, pas de commerce extérieur par suite de l'élévation des tarifs ; pas de commerce intérieur, par défaut de produits ; pas d'agriculture par défaut de sécurité ; pas d'exploitation des mines par défaut de capitaux : voilà ce que Raousset voulait changer à l'aide d'une révolution; mais il voulait que les Sonoriens eux-mêmes fissent cette révolution ; il voulait avant tout que les Sonoriens fissent voir au monde qu'ils sentaient leur abaissement et qu'ils voulaient en sortir. D'un autre côté, des hommes influents en Sonore lui disaient dans leurs lettres : " Nous ferons la révolution ; mais nous ne pourrons jamais la maintenir contre les forces du gouvernement central." Alors devait commencer le rôle de Raousset. Appelé par une nation devenue libre, il mettait son épée au service de son indépendance. En un mot, dans ses idées, Raousset ne se considérait que comme le soldat d'une république déjà établie et qui l'aurait appelé à son secours ; aussi n'entrait-il dans ses projets de ne voir admettre dans les diverses branches des administrations civiles, que des Sonoriens, et de réserver le concours des étrangers à la culture du sol, à l'exploitation des mines, au développement de l'industrie, des arts et des sciences ; enfin il voulait en introduire un certain nombre, concurremment avec des Sonoriens, dans l'armée régulière. Certainement aussi il entrait dans ses vues de voir les administrations régies par des lois libérales, et bien souvent on lui a entendu dire qu'en combinant la grande liberté des institutions américaines avec la régularité et la force des lois françaises, on remédierait à tous les maux qui désolent la Sonore et entravent sa prospriété.

Tel était le but de Raousset. Pour y arriver, il voulait que l'influence française se fît sentir dans la confection des lois, il voulait que la loi sur l'émigration favorisât les Français et surtout ceux qui auraient contribué à l'émancipation de la Sonore ; mais il ne voulait nullement empêcher l'émigration de toutes les autres nationalités. Il était persuadé qu'avant peu, les Sonoriens fortifiés par l'élément européen qu'il désirait introduire, auraient pu résister à tous ceux qui auraient voulu porter atteinte à leur liberté au dedans, ou à leur indépendance au dehors. Mais je ne saurais trop le répéter, le but de Raousset, l'objet de tous ses vœux était d'être le soldat d'une république sonorienne indépendante, concourir de toutes ses forces à sa *consolidation*, mais rester étranger à son *établissement* premier : c'était là l'affaire des Sonoriens seuls.

Les choses en étaient là dans l'esprit de Raousset, et toutes les lettres qu'il écrivait en Sonore aux personnes influentes, sur le concours desquelles il comptait le plus, les engageaient à se hâter et annonçaient qu'il était en mesure de leur prêter son appui, mais qu'il fallait que l'on se déclarât au plus tôt ; qu'il ne quitterait la Californie qu'après que les *pronunciamientos* auraient été faits et acceptés par le peuple sonorien. A cette époque, M. Walker poursuivait son idée à travers la Basse Californie ; déjà même la Sonore venait d'être annexée à la nouvelle république, par ordre de ce chef, et les lettres que recevait Raousset, tout en lui faisant pressentir l'insuccès de l'expédition américaine, le priaient d'apporter quelques modifications à ses idées. On lui écrivait, en effet : " L'expédition de Walker nous met dans l'impossibilité de déclarer notre indépendance ; la Sonore se couvre de soldats ; des forces considérables, venues des divers points du Mexique, se concentrent à Guaymas, et tant qu'une armée imposante sera réunie sur un seul point, il ne faut pas espérer que la Sonore se déclare. Il serait donc important que vous dirigeassiez un coup de main sur Guaymas ; ce mouvement sera facile, votre nom sera un drapeau autour duquel viendront se grouper tous les amis de l'indépendance ; l'armée elle-même se ralliera à vous et nous ne désespérons pas de voir les autorités civiles et militaires suivre le mouvement. D'après cela, attaquez Guaymas et la résistance sera nulle." Tel était le sens de plusieurs lettres ; et si nous ne citons pas le nom de leurs auteurs, c'est que nous ne voulons compromettre personne et encore moins des amis. Raousset hésita quelques jours à s'engager plus avant, et voulait absolument s'en tenir à ses premiers plans et attendre des jours plus favorables, lorsque l'on annonça que le consul mexicain à San Francisco désirait engager 2,000 ou 3,000 Français pour les établir en Sonore comme colons militaires. Dès lors toute hésitation devenait impossible ; tout semblait concourir à la réalisation du plan qui lui était indiqué. Faire partir par l'intermédiaire du consul mexicain, à son insu, et aux frais du gouvernement mexicain, tous les Français qui devaient concourir à son expédition, était la chose du monde la plus facile, et paraissait être un coup de la Providence ; c'eût été une faute énorme que de ne pas profiter de cette circonstance. Aussi, sans compter sur l'appui de tous ceux qui iraient s'inscrire au consulat pour la colonisation de la Sonore, il croyait qu'il serait facile à 1,200 ou 1,500 de ses partisans, de se faufiler sur les listes, et ce nombre suffisait largement à ses projets.

Il s'occupa donc activement de réunir son monde ; le navire anglais le *Challenge*, frété par le consul mexicain, devait emporter 800 hommes ; chacun sait les difficultés inouïes, absurdes, anti-légales, qui furent suscitées au départ de ce navire. Quoi qu'il en soit, 300 passagers montèrent à bord et firent route pour Guaymas. Raousset comptait sur le concours actif d'environ 150, et regardait les autres comme nuls pour lui ; toutefois, ces 150 devaient servir de point de ralliement, et former le noyau du corps expéditionnaire, noyau autour duquel viendraient successivement se grouper les hommes ultérieurement expédiés par le consul mexicain. Il ne désespérait même pas de voir la presque totalité des passagers du *Challenge* se rallier autour de lui, dès qu'il paraîtrait sur Sonore. Quelques personnes, sur le dévoûment et le zèle desquelles il croyait devoir compter, et devant ultérieurement jouer un certain rôle dans l'expédition, s'embarquèrent afin de tâcher de diriger l'opinion de ces 300 passagers. Ce fut à ces personnes que Raousset confia une partie de ses projets ; il jeur fit des recommandations verbales dans lesquelles il insistait avant tout sur la nécessité de réunir les Français en un faisceau ; de les empêcher, par tous les raisonnements possibles, de quitter Guaymas avant l'arrivée de ceux qui devaient les rejoindre ; de ne pas permettre qu'ils fussent éparpillés dans l'intérieur ; et pour cela ils n'avaient qu'à prétexter tantôt le besoin d'armes, tantôt le besoin de chaussures, etc., choses qu'on était dans l'impossibilité de leur donner. Il leur recommanda particulièrement de se mettre bien avec les habitants de Guaymas, de rechercher et de favoriser les liaisons avec les soldats et surtout avec les officiers de la garnison, de faire respecter la propriété, et d'éviter tout ce qui pourrait amener des rixes ou des collisions partielles ; il tâcha de leur faire comprendre toute l'importance que de semblables précautions pourraient avoir dans l'avenir ; enfin il s'efforça de faire ressortir combien la bonne conduite et la tempérance devaient exercer d'influence sur les habitants, qui ne demandaient pas mieux que de s'unir intimement avec les Français. Avec deux ou trois de ces personnes, qu'il regardait déjà comme les chefs de son corps expéditionnaire, Raousset fut encore plus expansif, et leur dévoila ses plans relativement à l'occupation de Guaymas. Celui d'entre tous qui lui avait fait le plus d'avances et sur le dévoûment duquel il se reposait le plus, était M. Léonce Desmarais ; ce fut à lui que Raousset me chargea de remettre des instructions écrites, qui ne devaient être décachetées qu'à Guaymas et qui devaient servir de règle de conduite dans les différents cas qui pourraient se présenter, et notamment sur la manière d'enlever Guaymas d'un coup de main, si telle ou telle circonstance se présentait.

Le *Challenge* partit le dimanche 2 avril 1854 ; un deuxième envoi de Français devait avoir lieu dans le cours de la semaine, et un troisième peu de jours après. Raousset voulait attendre que ces différents départs fussent effectués pour se mettre en route lui-même, son intention étant de n'arriver à Guaymas qu'après la jonction des 1,500 ou 2,000 Français qu'il croyait pouvoir faire concourir à ses projets.

Les quelques jours qui suivirent le départ du *Challenge* furent employés par Raousset à se procurer l'argent nécessaire pour l'achat d'un bâtiment de 80 à 100 tonneaux, qu'il avait en vue et qui devait le transporter à Guaymas avec des fusils, des canons, des munitions et une cinquantaine d'hommes. Mais il s'agissait de trouver $10,000. Cette somme eût été facile à se procurer, si le procès fait au consul mexicain n'était venu arrêter le départ des autres Français engagés par le consul ; mais ces entraves, ces difficultés jetèrent de la défiance sur l'expédition, et nulle part on ne put rencontrer les fonds qui antérieurement avaient été promis, et sur lesquels on comptait le plus.

Enfin le 1er mai, Raousset, désolé de voir le temps s'écouler sans nouvel envoi du consul mexicain, et prévoyant que si son départ était encore ajourné, il pouvait très bien se faire que la désunion s'emparât des Français arrivés à Guaymas ; que les autorités les dirigeassent, bon gré mal gré, dans l'intérieur de la république ; que l'inaction forcée dans laquelle ils allaient vivre ne favorisât le penchant à l'ivrognerie, et qu'une fois qu'on s'y serait livré, l'indiscipline et l'inconduite n'amenassent parmi les habitants une réaction nuisible à ses projets, était-il décidé à hâter son départ. Le navire mexicain *Alerta* était en partance, les dispositions furent prises pour que Raousset montât à bord ; mais au dernier moment le capitaine refusa obstinément de prendre les fusils et les canons, et Raousset dut encore ajourner son départ. Cette mesure, qui devait

être moins préjudiciable que Raousset ne l'avait pensé d'abord, car l'*Alerta* emportait le docteur C***, très intéressé au succès de l'expédition, et qui, par ses nombreuses protestations de zèle et de dévoûment, avait gagné la confiance de Raousset. Ce dernier lui avait fait connaître une partie de ses projets, lui avait donné quelques instructions pour ses partisans à Guaymas, enfin lui avait remis et fait remettre des lettres qui devaient le faire placer à la tête du service médical du corps expéditionnaire, et dès lors le mettre à même d'exercer une certaine influence sur ses camarades. A cette époque le dévoûment du docteur C*** était sincère.

Enfin, le 18 mai, Raousset se décida à partir ; il craignait qu'un ajournement plus long ne lui fût imputé à crime, par les Français déjà arrivés à Guaymas. Il trouva un petit navire de 10 tonneaux, qui malgré son mauvais état pouvait, à la rigueur, le transporter en Sonore. 180 carabines et quelques munitions de guerre furent embarquées ; le départ avait été fixé pour le 25, mais le 24 on apprit qu'un mandat d'amener devait être lancé le jour même contre Raousset pour le forcer à comparaître dans le procès intenté au consul de France. Dès lors le départ fut brusqué, et le 24, à 9 heures du soir, le navire *The Belle* partit de San Francisco emportant Raousset, quatre de ses amis, un cuisinier et quatre Américains, savoir, le capitaine et trois matelots : total, dix personnes. Le navire était d'un trop faible échantillon pour porter les canons, et ce fut là un des plus grands regrets de Raousset ; car il savait de quels secours pouvait être l'artillerie, soit pour ôter la confiance aux soldats mexicains, soit, au besoin, pour remonter le moral de ses propres partisans. Quoi qu'il en soit, après 35 jours d'une navigation pleine de fatigues et de tourments physiques et moraux, et signalée par un naufrage et des privations inouïes, nous arrivâmes sur les côtes de la Sonore, à une trentaine de milles au nord de Guaymas.

A San José du Cap, où nous avions relâché pour faire de l'eau et des vivres, nous avions appris que tout était tranquille à Guaymas, que les Français, au nombre de 300, étaient réunis en bataillon et qu'ils étaient armés ; Raousset put à peine contenir sa joie en songeant qu'il allait avoir à sa disposition dès le jour de son arrivée 300 Français armés ; le succès lui paraissait d'autant plus certain, que l'on nous dit qu'il y avait peu de troupes à Guaymas, que le nombre le plus grand se trouvait disséminé dans la Basse Californie.

Le lendemain de notre arrivée sur les côtes de Sonore, Raousset envoya deux de ses amis à Guaymas pour y porter quelques ordres au chef du bataillon et quelques recommandations à d'autres personnes. Ces deux envoyés arrivaient le 28 juin au matin, à un demi-mille de Guaymas, lorsqu'ils furent arrêtés et désarmés par six soldats et un caporal ; conduits en prison, ils furent mis au secret ; mais ce secret fut de courte durée. Pour arriver à la prison, ils avaient dû traverser une partie de la ville ; dans le trajet, ils furent reconnus par quelques personnes qui savaient leurs relations avec Raousset. En un instant le bruit se répandit dans la ville que Raousset était arrivé et que deux de ses amis, venus avec lui, venaient d'être conduits en prison. Une heure à peine s'était écoulée, que l'on vit arriver à la prison M. D***, commandant du bataillon français, plusieurs officiers et le docteur C***. Les ordres de Raousset furent immédiatement transmis au commandant. Ils portaient en substance : " Cette nuit même réunissez vos hommes en silence, portez-vous en force au quartier mexicain, envoyez quelques hommes prendre possession des différents postes, prenez vos mesures pour que les autorités civiles et militaires soient arrêtées et mises en lieu de sûreté, mais sans qu'il leur soit fait aucun mal ; en un mot, emparez-vous de la ville cette nuit même, et demain matin envoyez-moi un exprès pour me faire part du résultat de ce coup de main ; quelques heures après je serai parmi vous."

Le docteur C*** fut instruit du lieu où se trouvait Raousset ; il devait donner des ordres aussi secrets que possible pour qu'on lui fît venir, par mer, de l'eau et quelques vivres dont il manquait complètement. M. C*** remplit sa mission. Quant au commandant, il déclara qu'il n'était pas en force ; que sur 295 hommes dont se composait le bataillon, on pouvait à peine compter sur 150 ; que les bourgeois étaient hostiles ; que l'armée et surtout les officiers ne se rallieraient pas ; qu'on ne devait pas compter sur la possibilité d'un coup de main la nuit suivante ; qu'il fallait au contraire que Raousset descendît en ville et qu'un nouveau plan fût adopté.

Le 30 juin dans la soirée, les deux envoyés de Raousset furent mis en liberté, et ils s'informèrent près de quelques habitants et près de diverses personnes, des causes qui avaient pu amener cette désunion du bataillon, cette désaffection des habitants et cette presque hostilité des officiers mexicains. Des réponses qui leur furent faites et du dépouillement des divers ordres du jour qui avaient été affichés dans les casernes du bataillon, il résulta pour eux qu'aucune des instructions données par Raousset n'avait été suivie, et qu'on n'avait tenu aucun compte des recommandations qu'il avait faites à San Francisco.

Néanmoins, si rien n'avait été fait pour gagner l'estime des habitants et pour amener les officiers mexicains à une espèce de fraternisation, il est juste cependant de constater qu'aucun fait légalement blâmable n'avait été commis par les Français, et que, de leur part, tout s'était borné à des paroles.

Tel était l'état des affaires le 28 juin, lorsque l'on apprit l'arrivée de M. de Raousset. Le commandant du bataillon se rendit près de lui le 1er juillet, et fut chargé de remettre une lettre au gouverneur, par laquelle Raousset lui demandait une audience. Son Excellence consentit à une entrevue pour le jour même, à 11 heures du soir.

Les rapports faits à Raousset, lui avaient présenté le gouverneur comme pouvant être disposé à entrer dans ses vues, c'est-à-dire à faire, comme Alvarez, une levée de boucliers contre Santa-Anna ; c'est avec cette idée que Raousset se rendit chez le général Yañez. L'entretien dura deux heures ; à peine si pendant tout le temps de cette première entrevue, il fut question de la Sonore. Toutefois Raousset ayant fait connaître au gouverneur qu'il avait apporté avec lui 180 carabines, ce dernier répondit qu'on pouvait les débarquer sans crainte, mais il recommanda que cela se fît le plus secrètement possible. Toujours persuadé des bonnes intentions du gouverneur, Raousset lui proposa de lui faire cadeau de ses armes ; le général accepta de les recevoir, mais avec remboursement d'une somme de 4,000 piastres, leur valeur approximative. Rien ne fut décidé à ce sujet ; Raousset fut autorisé à séjourner dans la ville, après quoi il se retira sans fixation d'un nouveau rendez-vous.

Raousset prit logement chez son ancien ami, M. Pannetrat (de la Nouvelle-Orléans), négociant dans la ville, qui depuis la formation du bataillon, avait mis gratuitement à la disposition de l'état-major, une salle où logeaient plusieurs officiers, entre autres le commandant.

La nouvelle de l'arrivée de Raousset en ville se répandit rapidement dans l'armée ; parmi les officiers mexicains, les uns le voyaient avec une répugnance qu'ils ne prenaient aucun soin de dissimuler, d'autres, au contraire, semblaient très satisfaits ; ce fut au point que lorsque Raousset passait dans la rue ou sur une place publique, on voyait des officiers se lever et ôter leur chapeau ; un jour même qu'il passait devant le quartier général mexicain, l'officier fit sortir le poste et lui fit présenter les armes. Cette bonne réception lui faisait concevoir des espérances qui, malheureusement, ne devaient pas se réaliser.

Dès le jour de son arrivée jusqu'au jour du combat, l'état-major du bataillon s'empara tellement de Raousset, qu'il lui fut presque impossible de sortir un seul instant sans être accompagné de quelques officiers, ce qui l'empêcha d'acquérir une connaissance exacte de l'état des esprits, et ne lui permit de juger de tout que d'après les dires de l'état-major. Cette espèce de surveillance, exercée il est vrai dans de bonnes intentions (on craignait pour ses jours), le fatiguait, et plusieurs fois il s'en est plaint avec une certaine amertume.

Cependant, malgré les bonnes dispositions apparentes du gouverneur, on ne peut se dissimuler que la présence de Raousset créait à Guaymas une certaine agitation qui fut bientôt exploitée par quelques négociants ou quelques habitants influents, et cela devait être. Seuls ils jouissaient de l'état misérable dans lequel végétait la Sonore, et ils désiraient repousser toute espèce de bien-être apporté aux Sonoriens, quelle que fût la main qui l'aurait apporté. D'un autre côté, des dispositions militaires nouvelles étaient prises, les postes étaient doublés, des patrouilles plus fortes et plus nombreuses que d'habitude parcouraient la ville toute la nuit ; chaque jour apportait un surcroît de précautions, qui chaque jour aussi répandait de l'inquiétude parmi les Français. Un jour c'était des munitions de guerre que l'on enlevait du fort pour les transporter au quartier général ; un autre jour c'était un corps d'indiens armés qui arrivait de l'intérieur pour renforcer la garnison ; tantôt c'était la garde nationale qui le soir était concentrée et consignée en armes dans une caserne ; tantôt l'arrivée d'un corps nombreux de troupes régulières ; tantôt enfin le transport des canons du fort dans le quartier général. Ajoutons à cela que tandis que le gouverneur faisait tous les jours promettre soit à Raousset, soit au chef de bataillon, qu'aucune attaque n'aurait lieu de la part des Français, des émissaires mexicains, sortis l'on ne sait d'où et renseignés on ne sait par qui, répandaient tous les jours, avec une déplorable apparence de raison, que tous ces préparatifs dans l'armée mexicaine n'avaient pour but que d'attaquer le quartier français et de désarmer le bataillon.

D'un autre côté, les pourparlers du gouverneur avec Raousset n'aboutissaient à rien, on en était venu au point où, de part et d'autre, on désespérait de pouvoir s'entendre. Le 8 juillet une dernière entrevue devait avoir lieu ; un peu avant l'heure indiquée, le gouverneur fit parvenir Raousset qu'il ne le recevrait pas ; ce dernier jugea par les expressions mêmes dont on se servit, qu'une entrevue ultérieure devenait impossible.

A partir de ce moment, Raousset fut pour ainsi dire assiégé tous les soirs chez lui par deux individus, dont il est important de dire deux mots.

Le premier était un nommé Young qui, peu de temps auparavant, avait été condamné pour vol à Mazatlan ; il s'était évadé et retiré à Guaymas. Dès le lendemain de l'arrivée de Raousset, le nommé P***, sur lequel malheureusement Raousset croyait pouvoir compter, lui présenta Young, et depuis, j'ignore par quelles circonstances, ce dernier était toujours accompagné chez Raousset par le docteur C***. Plus tard on a su de la manière la plus positive, que tous les jours en sortant de chez Raousset, ce Young se rendait par un chemin détourné chez le gouverneur, auquel probablement il allait rendre compte de son entrevue et demander des instructions pour le lendemain, et dont tous les jours aussi il recevait de l'argent. Le 11 au matin on apprit que le consul américain connaissait Young et voulait le faire arrêter comme voleur ; cette arrestation devait avoir lieu le lendemain, mais Young avait disparu. Depuis, le consul américain a déploré les circonstances qui lui ont empêché de connaître plus tôt les relations de Raousset avec ce Young, qu'il savait n'être qu'un espion, et qui a grandement contribué à la perte de Raousset.

Le second était un nommé Alameda, appartenant à une des familles les plus honorables et les plus riches d'Alamos. Cet Alameda, lui aussi, avait été condamné pour vol d'un collier de perles, à Guaymas même, d'où il avait disparu depuis quelque temps, mais qui avait reparu dès l'arrivée de Raousset ; plus tard on sut également que cet homme était un espion dans le genre de l'autre.

Ces deux hommes virent Raousset tous les jours, principalement le soir, à partir du 8, jour où cessèrent les entrevues avec le gouverneur ; ce Young promettait le concours d'habitants influents et la défection des principaux officiers de la garnison ; Alameda promettait l'assistance des forces des l'intérieur. Il est à remarquer que ces deux individus, quoique venant le soir chez Raousset, ne s'y rencontrèrent jamais ; ils semblaient étrangers l'un à l'autre, et Alameda, qui ordinairement venait le dernier, semblait attendre pour se présenter, le départ d'Young ; mais tous les deux faisaient leurs promesses à la condition que Raousset se prononcerait immédiatement.

L'audace de la population s'accroissait de jour en jour par suite de l'impunité de ses insultes ; tous les jours quelques Français étaient publiquement outragés. Le 11 juillet, à 7 heures du matin, deux soldats français passaient devant un café, dans la rue même de leur caserne, lorsque deux Mexicains sortirent brusquement et les assaillirent ; l'un d'eux reçut à la tête une blessure assez grave, l'autre ajusté à brûle pourpoint par un revolver, ne dut son salut qu'à l'intervention de tiers. — Au même moment, dans un autre quartier, un autre soldat français recevait encore un coup de poignard de la part d'un soldat mexicain. Ces divers agresseurs venaient d'être arrêtés, et probablement les choses en seraient restées là, lorsqu'on entendit plusieurs coups de feu ; c'était encore des Mexicains qui venaient de tirer sur les hommes de la corvée du pain, près de l'hôtel de Sonora, dans la rue même et tout près de la caserne mexicaine. On cria aux armes, et en un clin-d'œil des coups de fusil furent échangés entre des Français développés en tirailleurs autour de leur caserne, et des soldats mexicains montés sur les terrasses environnantes. Le commandant de place arriva en toute hâte au quartier français, déclara au commandant du bataillon que tout cela n'était qu'une rixe survenue entre des hommes ivres, l'engagea à faire rentrer les Français, que pour sa part il allait consigner les troupes mexicaines dans leur quartier respectif. Tout cela se fit à l'instant même de part et d'autre. Au dire de tout le monde (Français et Mexicains), il est probable que si la bataille fût devenue générale, les Français, ce jour-là, se seraient définitivement emparés de la ville. Je dois dire ici que le jour même de cette attaque, Raousset était très satisfait qu'elle n'eût pas eu de résultat ; le lendemain, au contraire, il regrettait vivement qu'on n'ait pas poussé jusqu'au bout. Cette apparente contradiction se trouvera expliquée par les faits qui vont suivre.

Il sera impossible à tout homme loyal de regarder ces trois attaques de Mexicains sur des Français, le même jour, à la même heure, et dans des quartiers différents ;

comme un fait purement accidentel. Il est bien plus probable que les mêmes hommes qui poussaient Raousset à une prise d'armes soudoyaient eux-mêmes quelques misérables qui devaient porter le premier coup ; ceci est d'autant plus probable, que dans la soirée du 11, on avait appris que la garde nationale avait été convoquée en armes, et consignée pour toute la nuit dans la caserne mexicaine, et l'on sut le lendemain matin que les notabilités commerciales et les chefs des diverses administrations avaient passé la nuit dans cette même caserne. Ainsi donc, les habitants et toutes les autorités s'attendaient à une prise d'armes, et ils la provoquaient même par des assassinats, après toutefois avoir pris tous les moyens imaginables de défense.

Quoi qu'il en soit, les chefs de compagnie et les officiers d'état-major, réunis chez le commandant du bataillon, dressèrent un procès-verbal des événements de la matinée et des faits antérieurs, afin de bien constater l'état de la situation ; ce procès-verbal fait en quatre expéditions, fut présenté le lendemain au consul de France, qui l'apostilla et lui donna ainsi une force légale ; de ces quatre expéditions, l'une a été remise au gouverneur, l'autre au consulat de France, la troisième était destinée à M. l'amiral commandant la station du Pacifique, et la quatrième est restée au corps. Ce document est trop important pour que nous ne le reproduisions pas ici.

    " M. LE CONSUL,

" En présence des regrettables événements qui viennent de se passer dans la ville de Guaymas, le bataillon français, représenté par ses officiers, croit devoir vous adresser l'exposé des faits suivants.

" Arrivés il y a trois mois, sur la foi de vagues promesses dont la réalisation a été loin de répondre à notre attente, nous avons conservé au milieu d'une population prévenue contre nous, hostile peut-être, le calme, la fermeté, la dignité, premier devoir des Français ; nos vœux étaient de rendre par notre intelligence, notre travail, au prix même de notre sang, notre bien-être personnel solidaire du bien-être du pays ; quelques malveillants aveuglés par un égoïsme [illegible] et s'abritant sous de faux semblants de nationalité, se sont depuis notre arrivée, donné la mission de semer entre nous et la population, des ferments de haine et de discorde : menaces, provocations directes, rien ne leur a jusqu'ici coûté pour chercher à nous faire sortir des bornes de la modération que nous nous étions imposée.

" Devinant le but de ces ténébreuses menées, nous nous sommes contentés de les signaler, à plusieurs reprises, à l'attention des autorités supérieures.

" Sous la pression de la panique qu'ils s'étaient plu à entretenir depuis si longtemps, ils sont parvenus à donner lieu, la nuit du 11 juillet, à une manifestation armée contre nous, manifestation que les autorités, par une méprise que nous regrettons, ont semblé autoriser par leur présence.

" Toute la journée du 11, les munitions qui restaient dans le fort avaient été transportées au quartier général ; des ordres spéciaux avaient convoqué la garde nationale en armes dans ce quartier, qui quelques heures plus tard renfermait les notabilités commerciales et administratives, ainsi que les familles fallacieusement alarmées.

" A la vue de ces préparatifs, dont nous ne comprenions ni le but ni la portée, nous nous sommes bornés à prendre quelques mesures de précautions pour nous mettre à l'abri d'un coup de main qui aurait pu être tenté pendant la nuit.

" Ce matin, 12 du courant, les Français, convaincus d'une solution pacifique, se répandaient comme de coutume et sans armes dans la ville ; des misérables soldés sans doute, se portèrent à des voies de fait directes contre nos nationaux désarmés, en blessèrent trois ; il fallut toute l'autorité des chefs pour sauvegarder la vie des agresseurs, qui furent depuis réclamés par la justice du pays.

" Pendant ce temps-là, Son Excellence le Gouverneur général se transportait successivement aux deux quartiers français, pour visiter d'un côté les blessés, de l'autre les prisonniers.

" Si nos intentions avaient été celles que l'on nous a si calomnieusement prêtées, il nous eût été facile de nous donner des garanties en retenant parmi nous le gouverneur et l'état-major qui l'accompagnait. Nous avons eu jusqu'au bout confiance dans la légalité de notre cause et dans les promesses verbales dont on nous berçait depuis si longtemps, nous avons laissé partir librement le gouverneur ; quelques minutes après, les individus dont nous avons signalé plus haut la malveillance, faisaient traîtreusement feu sur des Français paisibles passant dans les rues.

" En présence des faits sus-mentionnés, et des dangers qui peuvent nous menacer dans l'avenir, nous venons nous mettre sous la sauvegarde du pavillon national.

" Nous vous prions donc, M. le consul, pour prouver au gouvernement français qu'au milieu d'agressions de toute nature, nous avons conservé intacte notre réputation proverbiale d'honneur et de loyauté, de certifier par votre signature la véracité des faits signalés dans le procès-verbal ci-dessus.

" Au nom de l'équité, nous vous prions, nous vous requérons au besoin, de vous entendre avec nous et les autorités mexicaines, pour obtenir toutes les garanties que réclament les difficultés de notre position.

" *Le commandant du bataillon,*
L. Lebourgeois-Desmarais.

Loiseau. E. de Fleury. F. Canton.
A. Bazajou. S. Perret. E. Laval.
Martincourt. Didier. A. Sueur.
Terral.

" *P. S.* — A l'heure même où nous vous adressons ce procès-verbal, nous apprenons que des bandes armées arrivent, nous ne savons sous quels ordres, et envahissent la ville."

— Le vice-consul de France sachant combien étaient vrais les faits articulés dans la pièce précédente, mais cherchant toutefois à en atténuer la portée, n'hésita pas à écrire au bas des quatre expéditions les lignes suivantes :

" Je certifie que le bataillon français, depuis son arrivée, s'est montré fidèle aux traditions d'honneur et de loyauté, et qu'il ne s'est jamais rendu coupable jusqu'à ce jour, d'aucune agression envers la population de Guaymas.

" 12 juillet 1854.
" *Le vice-consul,*
[L. S.] Joseph Calvo."

Le reste de la journée du 11 se passa tranquillement ; le 12 on apprit que des troupes nombreuses, attendues de l'intérieur, devaient arriver la nuit suivante, et l'anxiété assoupie depuis la veille se réveilla plus vive que jamais ; mais les Français restèrent calmes. Dans la soirée du même jour, Young et Alameda eurent un long entretien avec Raousset, et insistèrent sur la nécessité où il se trouvait de se prononcer immédiatement, dussent les Français attaquer les Mexicains, lui disant positivement que c'était là la question *sine qua non* des personnes qui voulaient seconder ses projets. Raousset parut dès ce moment décidé à saisir la première occasion qui se présenterait, et au besoin à en faire naître une.

Le lendemain 13, on apprit que les troupes de l'intérieur étaient arrivées, ainsi qu'un corps nombreux d'Indiens armés, conduits par les rancheros ; on vit achever de déménager le fort ; les dernières munitions qu'il contenait venaient d'être transportées en plein jour au quartier général mexicain. En présence de ce nouvel état des choses, le bataillon français était très agité ; on craignait une attaque immédiate ; quelques personnes étaient très exaltées. Vers midi, une réunion eut lieu chez le commandant du bataillon, et après une longue discussion, il fut arrêté qu'une commission se transporterait chez Son Excellence le Gouverneur pour lui faire quelques observations et lui demander des garanties de sûreté pour l'avenir. Le gouverneur répondit que la meilleure garantie que les Français pouvaient avoir, était sa parole d'honneur ; que du reste il ne voulait pas prendre sur lui une

responsabilité aussi grave dans les circonstances critiques où l'on se trouvait ; mais qu'il assemblerait un conseil de guerre à six heures du soir. Cette réponse excita un vif mécontentement, augmenta l'impatience d'un certain nombre et les craintes de tous ; chacun voyait dans cette réponse le moyen de gagner encore quelques heures, pendant lesquelles les Mexicains achèveraient de prendre leurs mesures d'attaques. Toutefois, il fut décidé qu'une nouvelle commission composée de quatre délégués par chaque compagnie, se transporterait chez le gouverneur et lui présenterait un ultimatum dans lequel on réclamait une réponse immédiate aux demandes suivantes : " Le gouverneur donnerait des otages comme garantie morale ; et comme garantie physique, remettrait du canon au bataillon, et désarmerait la garde nationale." Pendant que cette députation était chez le gouverneur, un sous-officier se rendit au sein du conseil et déclara qu'il venait de voir transporter des canons sur les hauteurs qui dominent le quartier français, et qu'on allait être cerné. A cette nouvelle, qui du reste était fausse, mais très possible, vu les circonstances, l'exaltation ne connut plus de bornes. Les quelques personnes qui, soit par prudence, soit par crainte des événements ultérieurs, voulurent élever la voix pour demander d'attendre le résultat du conseil de guerre, durent céder à l'entraînement presque général qui se manifesta, lorsque Raousset s'écria : " qu'il était certain qu'on serait attaqué avant peu ; qu'il valait mieux prendre l'initiative ; que dans les circonstances présentes, l'expectative ne pouvait entraîner que de très grands malheurs, et qu'il fallait se rendre tous au quartier du bataillon." Aussitôt tout le monde se rendit à la caserne, Raousset avec les autres, et dès lors l'on n'attendit pas le retour de la commission envoyée près du gouverneur.

Avant de poursuivre cet exposé des événements, il est nécessaire de rapporter certains faits antérieurs qui pourront jeter quelque jour sur la conduite de Raousset, qui ne prit pas dès ce moment le commandement du bataillon, comme on le lui conseillait et comme peut-être il aurait dû le faire.

Peu de jours après l'arrivée de Raousset, l'état-major et surtout le commandant, lui avaient exposé qu'il ne pouvait pas compter sur plus de la moitié du bataillon ; s'étant informé près de diverses personnes des motifs d'un pareil jugement, il lui fut répondu que les officiers n'avaient pas la sympathie du bataillon, et qu'au jour du combat ils ne seraient pas obéis ; que si une affaire devait avoir lieu avec ces hommes seulement et ainsi commandés, il valait mieux attaquer immédiatement, parce que les Mexicains n'étant guère que de 150 à 200, on se battrait du moins à nombre égal. Raousset répondit qu'il connaissait très bien la mésintelligence qui régnait entre le bataillon et ses officiers, mais qu'il ne lui appartenait pas de les changer et que d'ailleurs s'il y en avait d'autres, la même désunion existerait encore, car il fallait en chercher la cause dans les éléments dont se composait le bataillon ; que quant à l'attaque, il ne fallait pas y songer, qu'il espérait arranger les affaires sans coup férir. — Du reste, en faisant la part des hommes du bataillon, Raousset ne se faisait aucune illusion sur la valeur du commandant, car nous trouvons dans une lettre écrite par lui peu d'heures avant sa mort : " Le bataillon avait des officiers et un commandant dont j'ai dû respecter la susceptible incapacité, jusqu'à lui laisser le commandement pendant le combat." (Lettre à M. ***.)

Arrivés à la caserne, nous trouvâmes tout le bataillon dans la plus grande anxiété ; il avait été formé en carré. Raousset, placé au centre, fit une allocution dans laquelle il rappela les promesses vagues qui avaient été faites par le consul mexicain à San Francisco, la non réalisation de ces promesses, la proposition que leur avait faite le gouverneur de devenir purement et simplement soldats mexicains régis par le code militaire mexicain ; il fit voir que les choses en étaient venues à ce point, qu'il fallait opter entre une soumission aveugle aux vœux du gouverneur, ou à une révolte ouverte ; que si la révolte préparait en cas de succès un brillant avenir pour tous, il ne fallait pas se dissimuler que l'œuvre était difficile, qu'on trouverait une vigoureuse résistance ; qu'il laissait le bataillon complètement libre de prendre un parti, mais qu'il était important que toute hésitation cessât. Alors des cris s'élevèrent de toutes parts, et la grande majorité indiqua qu'on voulait marcher. Raousset revint encore sur les difficultés que l'on allait rencontrer, fit ressortir combien la tâche était périlleuse, et demanda : En cas de défaite, que voulez-vous faire ? — Mourir ! mourir ! s'écria-t-on de tous côtés. Ce fut au milieu de ces cris que l'ordre de marche fut donné.

Avant de poursuivre cette narration et pour la rendre intelligible, il est indispensable de donner une esquisse de Guaymas.

Cette ville est située sur le bord d'une belle et vaste baie, et forme à peu près un carré long, dont la plus grande dimension est dirigée du Nord au Sud. La moitié du côté Sud-Ouest est baignée par la baie, et la moitié Nord s'appuie sur des jardins assez nombreux, qui tous sont enclos de murailles en adobes de cinq à six pieds d'élévation ; le Nord de la ville se termine par la route d'Hermosillo, bordée de fabriques de briques et d'adobes ; l'Est est limité dans toute son étendue par une montagne volcanique très élevée, à sommets irréguliers, en partie à pic et dominant toute la ville ; au Sud se trouvent le cimetière et la baie. La ville est divisée en îlets par quatre rues allant du Nord au Sud, coupées à angle droit par une série de rues allant de l'Est à l'Ouest. L'une des quatre rues longitudinales (la deuxième en venant de la baie) est beaucoup plus large que les autres ; dans sa partie Nord se trouve le quartier mexicain qui forme un vaste parallélogramme, dont trois côtés sont occupés par des bâtiments, et le quatrième, celui qui regarde la montagne, est limité par un mur en adobes, de douze à quinze pieds de hauteur. La cour intérieure est grande ; les trois côtés munis de bâtiments sont surplombés par un large auvent formant galerie ; ces bâtiments n'ont qu'un rez-de-chaussée recouvert par un toit plat formant une terrasse qui est circonscrite de tous côtés par une muraille ou garde-fou de deux à trois pieds d'élévation. Cette caserne est bâtie partie en adobes, partie en briques. Dans la même rue, mais du côté opposé à la caserne, à peu près à 200 mètres de cette dernière, se trouve l'hôtel de Sonora, n'ayant aussi qu'un rez-de-chaussée divisé en quatre ou cinq salles ; sur le derrière, une galerie domine la baie ; derrière la galerie se trouve une petite cour ayant sortie sur le quai. À l'extrémité Sud de la ville, à peu de distance l'une de l'autre, se trouvent deux casernes, l'une occupée par les compagnies françaises N° 1, 2 et 3, et l'autre par la compagnie N° 4. Près de l'extrémité Sud, du côté ouest de la ville, se trouve le fort, monticule en rocher sans aucun travail de défense, dominant le port et la ville, pouvant servir de magasin, mais complètement nul pour une défense ou une résistance quelconque. Enfin j'ajouterai que toutes les maisons de la ville sont composées seulement d'un rez-de-chaussée surmonté d'une terrasse, laquelle est toujours, comme les bâtiments cités plus haut, entourée d'un garde-fou de deux à trois pieds de hauteur.

Depuis quelques jours toutes les terrasses de la grande rue étaient, à l'exception de celle de l'hôtel de Sonora et de celles de quelques français, occupées par des sentinelles mexicaines ; les 11, 12 et 13 juillet on avait placé de véritables postes assez nombreux sur plusieurs de ces maisons. Ces hommes admirablement postés pour faire un feu plongeant, se trouvaient presque complètement abrités par les garde-fous, en sorte que leur feu était impunément meurtrier ; j'ajouterai enfin que deux des pièces de canon qu'on avait ramenées du fort les jours précédents, se trouvaient dans la rue, devant la caserne, et deux autres avaient été hissées aux deux angles de la terrasse qui surmonte la caserne.

Il était trois heures ; le bataillon sortit de la caserne divisé en quatre compagnies fortes chacune de 75 hommes environ. Jamais des Français n'avaient marché au combat avec aussi peu d'entrain ; ils n'avaient pris aucun repos la nuit précédente, les inquiétudes et les appréhensions de la matinée avaient empêché de dîner, aucune distribution de cognac n'avait été faite ; le calme morne avec lequel ils s'avançaient était glacial et faisait peine. Il était évident qu'il n'y avait aucune confiance sur le résultat. La 4e compagnie devait longer la baie, laisser une partie de ses hommes pour occuper l'hôtel de Sonora, tandis que l'autre partie se porterait un peu plus loin, où elle devait rencontrer une trentaine d'Allemands avec lesquels elle se serait rabattue immédiatement sur le quartier mexicain. Les autres compagnies, parmi lesquelles se trouvait Raousset, longeaient le côté Est de la ville et devaient par là se porter également sur le quartier mexicain. Des instructions avaient été données au commandant du bataillon, auquel, par les raisons indiquées plus haut, le commandement avait été laissé.

Dès les premiers coups de feu, avant même qu'il n'y eut aucun blessé, tout le bataillon tomba dans un désordre épouvantable, et cela tout aussi bien dans la partie Est que dans la partie Ouest de la ville ; tous les soldats oubliaient qu'ils avaient des chefs ; nul n'obéissait, malgré les efforts les plus énergiques qu'aient pu faire quelques officiers. Toutefois, la 4e occupa l'hôtel de Sonora, qui devint dès lors et bien malheureusement le rendez-vous d'une masse indisciplinée. Une dizaine d'hommes poursuivirent leur route et ne rencontrèrent pas les Allemands au lieu indiqué ; réduite à quelques hommes, cette fraction de la 4e se porta plus au Nord à travers les jardins, pour opérer sa jonction avec les compagnies de l'Est ; pendant ce temps-là la 3e, tâchant d'arriver au quartier mexicain, fut complètement rompue ; ses membres se portèrent dans toutes les directions, et bientôt des quatre compagnies il eût été difficile de rencontrer un noyau composé de 20 hommes, excepté ceux de la 4e qui étaient presque cernés et bloqués à l'hôtel de Sonora. Ce n'était plus dans toute la ville que désordre et confusion, les uns cherchant à tuer le plus de Mexicains possible, les autres cherchant à fuir et à se cacher, car dans cette malheureuse journée il y a eu bien des lâchetés ; pour comble de malheurs, le costume des Français ne se faisant distinguer en rien du costume mexicain, il n'a pas été rare de voir des Français faire feu sur des Français, et ultérieurement des balles coniques de nos carabines ont été extraites de plaies faites à des Français. Les Mexicains, quoiqu'à l'abri sur les terrasses d'où ils faisaient un feu plongeant sur nous, ont rudement souffert, et bien que des pièces de canon balayassent la grande rue dès qu'un groupe de Français s'y montrait, les Mexicains postés devant leur caserne ont été décimés et leurs artilleurs ont été presque tous tués ; il y eut même un moment où, faute de servants, les deux pièces qui étaient dans la rue se sont trouvées abandonnées. Ce fut dans ce moment que Raousset ordonne une charge à la baïonnette, se précipite en avant, mais personne ne le suit ; si ce mouvement eût été exécuté, l'affaire était finie, les Mexicains harrassés et horriblement maltraités, lâchaient pied. C'est du reste l'opinion des officiers mexicains eux-mêmes, qui l'ont affirmé le lendemain de l'affaire. Alors ne se voyant pas soutenu, Raousset s'appuie contre le mur de la caserne, exposé à tout le feu des Mexicains ; au bout d'un instant, voyant qu'il ne pouvait rien obtenir et venant de recevoir un coup de baïonnette qui n'avait atteint que sa chemise, il prit le parti de la retraite ; un quart d'heure après je le rencontrai, il était seul, mais suivi à distance par dix ou douze français. La première chose qu'il me dit, fut : " Où est le commandant D*** ? Où est C*** ? " Je ne les avais vus ni l'un ni l'autre. Un instant après, nous apprîmes que le commandant avait, pendant le combat, été vu étendu sur un lit ; il était malade ; et que M. C***, avant même le commencement de l'affaire, avait cherché un refuge au consulat de France. — A partir de ce moment je ne sache pas qu'il ait été dit un mot relativement à M. C*** ; quant au commandant, je ne répéterai pas les termes énergiques avec lesquels il qualifiait sa conduite, on croirait que je calomnie ; mais le 11 août, après sa condamnation, écrivant à un de ses amis, il adoucissait les termes de son jugement et se contentait de dire : " Le malheureux n'a pas compris le premier mot des instructions que je lui avais données." A la même date il écrivait à son frère : " Les prétentions et la susceptibilité de cet homme m'ont obligé de lui laisser un commandement au-dessus de ses forces ; il a conduit les Français au combat comme un troupeau de moutons, etc. Je lui avais donné un plan d'attaque général dont il n'a pas su faire exécuter le moindre détail."

Le combat venait de cesser dans la partie Est de la ville ; ce qui restait des trois compagnies des nôtres, cherchant à se rallier, gagnait la caserne française, Raousset s'y rendait également. Après une lutte qui avait duré trois heures, les débris alors ralliés de ces compagnies s'élevaient à 60 hommes ; Raousset nous fit mettre sur deux lignes, et malgré le petit nombre de présents, parmi lesquels se trouvaient un grand nombre de personnes découragées, il fit la proposition de retourner au feu, et de ramasser en route les hommes que l'on pourrait encore trouver sur le passage. Cette proposition lui fut sans doute suggérée par une fusillade assez bien nourrie que l'on entendait du côté de l'hôtel de Sonora, que l'on supposait occupée par la 4e compagnie. A peine deux ou trois voix répondirent à cet appel, et quelques-uns firent remarquer qu'on n'avait plus de munitions. Ce fut alors que quelqu'un proposa de se rendre tous ensemble au consulat de France, et sans délibération, sans approbation aucune, on se mit en marche ; Raousset était confondu dans la colonne. On arrive au consulat ; pendant qu'on va prévenir le consul, sa cour assez spacieuse est envahie et par les hommes qui étaient arrivés ensemble, et par ceux qui venaient isolément de côtés différents ; M. le consul paraît, on lui demande de nous placer sous la protection de son pavillon, et immédiatement, sans faire aucune récrimination, sans nous adresser aucune plainte, aucun reproche, sans articuler aucune restriction, il nous dit que tous ceux qui étant venus au consulat déposeraient les armes, seraient placés sous la protection du pavillon français, et auraient la vie sauve. Alors un de nos amis, s'adressant au consul, lui dit : " Et M. de Raousset, nous garantissez-vous sa vie ? " M. le consul sembla hésiter, mais sur l'observation qu'on fit que le combat allait recommencer, il s'empressa d'ajouter d'une manière très nette et très claire, qui fut entendue de plus de vingt personnes : " *M. de Raousset aussi aura la vie sauve.* " Sur cette affirmation un silence morne succéda à l'agitation qui régnait quelques minutes auparavant. En ce moment le nombre des Français augmentait, il s'élevait à peu près à 150, et l'on entendait toujours la fusillade ; cependant elle semblait se rapprocher du consulat ; c'était le reste de la 4e compagnie qui, ayant pu quitter l'hôtel de Sonora, se rendait chez le consul lequel avait arboré le pavillon blanc, signal de la suspension des hostilités.

Ce fut alors que M. le consul se rendit chez M. le gouverneur général, qui demanda sans capitulation discutée ni écrite, mais d'une manière péremptoire, que toutes les armes lui fussent remises, et déclara qu'à cette condition il garantissait la vie *à tous;* mais que pour le moment il nous isolerait de la population, uniquement dans l'intérêt de notre sûreté personnelle.

Je ferai observer que dans ces pourparlers il n'a jamais été question de *prisonniers de guerre;* le consul nous disait, déposez les armes ; et le gouverneur disait au consul, remettez-moi les armes ; d'après la succession des faits, les armes étaient déposées par nous entre les mains de notre consul, qui, lui, les remettrait au gouverneur, seulement le gouverneur avait la responsabilité de notre vie.

Pendant que ces négociations avaient lieu, nous apprîmes que dix ou douze hommes de la 4e compagnie, qui se trouvaient à l'hôtel de Sonora, avaient été complètement cernés et massacrés à coups de baïonnettes.

La journée touchait à sa fin, le feu avait cessé de toute part, et la presque totalité des Français avait trouvé asyle au consulat ; on apprit alors que tous ceux qui pendant le combat avaient été pris les armes à la main, étaient réunis dans une même prison, au nombre d'une soixantaine ; on ne tarda pas à venir au consulat au nom des autorités mexicaines, pour conduire en lieu de sûreté tous ceux qui s'y étaient rendus : ils furent divisés en deux catégories, 1° les simples soldats du bataillon non blessés, au nombre d'environ 150 ; 2° les officiers non blessés, au nombre de 11 ; ces deux catégories furent conduites chacune dans une prison séparée ; les officiers mis au secret le plus sévère et les simples soldats gardés par un poste très nombreux.

Pendant que ces faits s'accomplissaient, on arrêtait chez eux tous les Français établis depuis longtemps dans la ville et qui n'avaient pris aucune part aux événements du jour ; ils furent répartis dans les deux prisons sus-indiquées, malgré leurs protestations, car n'ayant pas pris part au combat, ils ne devaient pas en subir les conséquences.

Quant à Raousset, il était resté au consulat dans la chambre à coucher du consul. Lorsque tout le monde eut été logé dans les diverses prisons, quelques officiers vinrent le réclamer au nom de l'autorité supérieure ; il fut livré par le consul et conduit en prison, où il est demeuré au secret le plus absolu, jusqu'au moment où commença son procès.

Dès ce jour nous fûmes tous dans une grande anxiété : si, aux termes des promesses faites, tous devaient avoir la vie sauve, pourquoi ces catégories ? pourquoi les soldats d'un côté et les officiers de l'autre ? pourquoi surtout Raousset seul, isolé de tous ses amis ? Cette anxiété dura tout le lendemain ; une partie d'entre eux, et c'était le plus grand nombre, s'appuyant sur l'histoire des pays espagnols, croyaient qu'on regarderait comme non avenue la promesse de la veille, promesse qui n'ayant été faite que sous l'impression d'un combat sanglant et qui pouvait encore se renouveler, était déjà oubliée du moment où les armes avaient été remises. D'autres, au contraire, étaient persuadés que le consul de France ne laisserait pas violer la parole qu'il avait donnée et celle qu'il nous avait transmise de la part du gouverneur. En un mot que, malgré les apparences, tous auraient la vie sauve.

Hélas ! l'illusion de ces derniers ne tarda pas à s'évanouir. Le 15 au matin, surlendemain du combat, le général gouverneur fit une visite dans les prisons. Chez les officiers il se répandit en reproches très amers sur ce qu'ils n'avaient pas empêché leurs hommes de s'engager dans ce déplorable conflit, et termina en leur disant d'un ton menaçant, que si la veille il ne les avait pas fait fusiller, c'est qu'il avait cru remplir un devoir envers l'humanité et envers son pays, *mais que la justice aurait son cours.*

Dans la prison des simples soldats, il arriva entouré d'un certain nombre d'officiers, sa figure était si pâle, son maintien d'une telle sévérité, sa démarche d'une telle lenteur, que chacun s'attendait à une explosion. Tout à coup il s'arrêta regardant les Français qui se trouvaient groupés dans un des angles de la cour, et commença un discours empreint d'une colère tellement exagérée, qu'il fut facile de voir qu'elle était étudiée ; car ces manières étaient trop opposées à tout ce que l'on connaissait du caractère du général ; son discours du reste ne fut qu'une série de lieux communs sur l'honneur des pavillons, sur la piraterie, etc., et ne produisit qu'un médiocre effet sur ceux qui purent le comprendre.

Pourquoi ce langage si violent empreint d'une si grande colère, devant des hommes qu'il regardait déjà comme prisonniers de guerre ? Tout porte à croire que le général n'avait qu'un but : en imposer à son état-major et satisfaire les passions populaires qui l'assiégeaient de toute part ; en un mot, faire croire à tous ses compatriotes qu'il était mexicain comme eux, c'est-à-dire colère, violent et vindicatif. Le lendemain et les jours suivants, soit que la réflexion ait modifié ses premières impressions, soit que l'opinion publique eût été moins défavorable, il s'est radouci et est redevenu homme doux et calme ; il est redevenu lui-même. A partir de ce moment, jusqu'à la fin de notre captivité, toutes ses paroles ont été celles d'un vainqueur grand et généreux, s'adressant à un vaincu auquel il reconnaît encore de la valeur et dont il apprécie le caractère.

Toutefois, la répartition des hommes dans diverses prisons et surtout l'isolement de Raousset, continuaient à exciter de vives appréhensions, et dès le deuxième jour et les jours suivants, chacun faisait ses commentaires sur la conduite du consul de France. On se disait que si le général Yañez avait promis d'accorder à tous la vie sauve, il tiendrait sa promesse ; mais qu'il pouvait très bien se faire que le consul n'ayant rien obtenu à ce sujet, n'ayant peut-être rien demandé, avait pris sur lui de promettre oubli complet du passé, non seulement en son nom, mais encore au nom du général. Cette hypothèse n'était pas complètement dénuée de fondement pour ceux qui connaissaient le caractère de M. le consul. Du reste, toute illusion à ce sujet devint impossible, lorsque, au bout de huit ou dix jours, on apprit que Raousset devait passer devant un conseil de guerre. Le jour même où cette nouvelle se répandit, M. le consul vint à la prison ; on lui fit part des craintes que l'on avait et on les rapprocha de la promesse qu'il avait faite en son nom, et de la promesse qu'il nous avait transmise de la part du général. Alors M. le consul nia audacieusement avoir fait ou transmis aucune promesse.

A partir de ce moment, M. le consul, vous avez été regardé par tous, même par ceux qui avaient encore pour vous une certaine estime, comme un homme sans foi et sans honneur ; votre promesse était si publique, si nette, si catégorique, que tous ceux qui l'ont entendue de votre bouche étaient indignés de votre rétractation, qu'ils qualifiaient d'infâme. Or, sachez, M. Calvo, qu'il y a vingt personnes prêtes à jurer devant Dieu, qu'elles vous ont entendu dire : " Remettez-moi vos armes, et je vous promets la vie sauve, à tous, ET A M. DE RAOUSSET AUSSI." Quant à moi, qui écris ces lignes, je jure sur l'honneur l'avoir entendu dire par vous ; je jure sur l'honneur aussi que, sans cette promesse, je serais avec bon nombre de mes camarades, retourné au combat, et que nous aurions recommencé une lutte à mort plutôt que de consentir à voir comparaître quelques-uns d'entre nous devant les tribunaux militaires du Mexique ; car nous savions que c'était les envoyer à la mort. Mais votre promesse nous avait désarmés ; aujourd'hui vous niez, or, cela peut être très politique, très diplomatique, peut-être même n'est-ce que l'acte d'un bon négociant ; mais soyez bien persuadé que tous les hommes de cœur vous regardent comme un misérable.

Le jour du combat, on vint chez M. le consul, de la part du commandant de place, pour y chercher un des Français qui avaient déposé les armes ; il était médecin : on le conduisit au quartier général mexicain pour y panser les blessés. Au premier coup-d'œil, il jugea qu'ils étaient une centaine ; tous étaient couchés par terre, entassés pour la plupart dans trois chambres, et les autres disséminés sous la galerie de la cour ; les Français étaient d'un côté, les Mexicains de l'autre. Les premiers au nombre de 40 environ, étaient presque nus, quelques-uns l'étaient complètement, dépouillés qu'ils avaient été par ceux qui les avaient blessés et par ceux qui les avaient transportés. MM. les docteurs Duclaud et Canton arrivèrent bientôt, il était sept heures environ : les pansements furent commencés, et achevés à une heure du matin. Les plaies étaient généralement très graves ; les Mexicains, protégés par les murs en adobes qui entourent les terrasses sur lesquelles ils étaient embusqués, étaient presque tous blessés à la tête et à la poitrine ; la grande majorité des balles avait traversé de part en part, en sorte qu'il y en eut relativement peu à extraire ; quelques amputations, mais en petit nombre, furent jugées nécessaires. Du côté des Français, les blessures étaient plus graves encore : si quelques-unes avaient porté sur les membres et étaient légères, beaucoup ayant été faites par des boulets et des biscayens, présentaient d'immenses lacérations qu'on ne rencontrait pas chez les Mexicains, et qui ajoutaient encore à leur gravité. Disons enfin qu'outre les blessures par armes à feu, un bon nombre de Français avaient été blessés à l'arme blanche par les Mexicains, qui, rencontrant des hommes hors de combat, avaient cherché à les achever soit avec la baïonnette, soit avec le poignard.

Le lendemain matin de l'action, les cadavres que l'on avait ramassés dans la ville furent apportés au quartier général : ceux des Français étaient en partie nus et présentaient de nombreuses plaies faites à l'arme blanche ; ils furent enterrés dans des fosses communes, dans la journée du 16. Je signalerai en passant un fait qui a paru tout naturel aux Mexicains, mais qui porte l'empreinte d'une grande barbarie inconnue dans les pays civilisés : la veille du jour de l'enterrement, on fit sortir de prison 20 hommes de ceux qui avaient été pris les armes à la main, on les plaça entre deux rangées de soldats qui les conduisirent au cimetière ; là on leur remit des pioches et on les força de creuser de vastes fosses qui étaient destinées, il est vrai, à enterrer les morts, mais qui, dans l'opinion de ceux qui les creusaient, étaient destinées à servir de tombe à eux-mêmes, car ils avaient la conviction qu'ils allaient être fusillés. Ce travail, indigne du vainqueur, cruel pour le vaincu, dura une partie de la nuit et une partie du lendemain matin ; ce fut alors seulement que nos amis connurent la véritable destination des fosses qu'ils venaient de creuser. Des renseignements ultérieurs bien authentiques, ont démontré que dans ce combat de trois heures, sur 295 Français environ qui ont combattu, il en était mort sur le champ de bataille, 33 ; blessés, 57, dont 13 sont morts à l'hôpital par suite de leurs blessures. Les Mexicains, sur 1,800 combattants environ, ont eu 19 morts sur le champ de bataille, 120 blessés, dont 30 sont morts des suites de leurs blessures.

Les Français sont restés cinquante jours en prison, et pendant tout ce temps leur consul n'est venu les voir que quatre fois ; il n'a mis le pied à l'infirmerie qu'une seule fois. Jamais il ne s'est enquis ni des besoins des prisonniers, ni de ceux des blessés. Est-ce que sa place n'était pas près du général qui, pendant longtemps, est venu tous les deux jours s'informer des besoins des prisonniers et de l'état des blessés? Car c'est une justice que nous devons rendre au général Yañez, tous les deux jours il venait lui-même à l'infirmerie s'informer avec intérêt de l'état des malades les plus graves, et chercher à diminuer leurs besoins. Les autres jours où il ne venait pas lui-même, il ne manquait pas d'envoyer un officier prendre des informations qu'il semblait avoir à cœur de posséder jour par jour. Quant à M. Calvo, on ne l'a vu, ai-je dit, que quatre fois, et à chaque fois on lui remit des lettres nombreuses soit pour le général, soit pour divers négociants de la ville, ayant des comptes à régler avec les prisonniers, et ces lettres, qu'ils ne recevait que lorsqu'elles étaient *décachetées*, que sont-elles devenues? On a acquis la certitude qu'elles n'ont pas été remises. On soumettait les prisonniers à des corvées telles que celles de balayer les rues, transporter les ordures, etc., et ceux qui étaient trop faibles ou fatigués, étaient frappés avec brutalité ; des plaintes ont été adressées au consul de France : les corvées et les mauvais traitements ont continué. M. le consul de France aurait dû suivre de plus près l'exemple que lui donnait son collègue le consul américain. Parmi les prisonniers, se trouvaient quatre ou cinq Américains qui avaient épousé la cause et suivi le sort des Français ; M. le major Roman, consul de leur nation, est venu pendant tout le temps de leur captivité les voir régulièrement tous les deux jours et souvent même tous les jours; non seulement il s'informait de leurs besoins, mais encore il leur faisait parvenir du linge et des effets, tels que chemises, pantalons, etc., leur remettait tantôt du tabac, tantôt un peu d'argent pour en faire acheter. Un de ces américains ayant été frappé dans une corvée, le major Roman exigea que le sergent qui avait frappé reçut vingt-cinq coups de bâton, et que les corvées fussent supprimées ; les vingt-cinq coups de bâton furent administrés en sa présence et il n'y eut plus de corvées, ni pour les Américains ni pour les Français ; les Américains écrivirent des lettres soit pour la ville, soit pour San Francisco, ces lettres lui furent remises cachetées et toutes sont parvenues. Les Français ayant des réclamations à faire et voyant la nullité de leur consul, se sont adressés au major Roman, qui s'est chargé avec empressement des démarches à faire, et qui les a faites. Quelle différence entre deux consuls placés tous les deux dans les mêmes circonstances! C'est que l'un, uniquement occupé des affaires de son pays, a compris les devoirs que lui imposait la dignité de ses fonctions et il a su les faire respecter ; tandis que l'autre, négociant dans la ville, étranger à la France, mexicain de cœur et de caractère, a songé plutôt à ses intérêts personnels et leur a sacrifié les intérêts de ceux qu'il était chargé de protéger.

La fin du mois de juillet approchait, la surveillance exercée par les Mexicains sur les Français en prison commençait à se relâcher. Les officiers et les soldats de l'armée régulière, qui avaient eu le plus à souffrir dans la journée du 13, paraissaient bien disposés pour les prisonniers, quelques-uns même montraient une certaine cordialité ; mais les gardes nationaux étaient toujours les mêmes, brusques, violents, emportés ; quelques-uns semblaient affecter de venir monter la garde à la prison avec les pièces de vêtements qu'ils avaient volées aux Français ; car il est bon de faire remarquer que les deux ou trois jours qui ont suivi le 13 juillet, furent employés par les Mexicains à piller toutes les maisons et toutes les chambres qui étaient précédemment occupées par des Français, en sorte que ces derniers, dépouillés de tout, n'ont pu changer de linge de corps pendant les cinquante jours de leur captivité. La brutalité de ces gardes nationaux amena le gouverneur à ne plus confier la garde de ses prisonniers qu'à la troupe de ligne. La nourriture était à la rigueur suffisante ; dès les premiers jours on distribua du pain qui était passable, mais qui plus tard devint de très mauvaise qualité, époque aussi où la quantité avait diminué. Somme toute, la nourriture des prisonniers était bien supérieure à celle des soldats qui les gardaient ; aussi était-ce un régal pour ces derniers, lorsque les Français leur donnaient un morceau de viande ou un morceau de pain, dont ils n'avaient pas mangé depuis longtemps, nourris qu'ils sont avec des *tortilles* (crêpes de farine de maïs).

Les Français négociants établis dans la ville, et qui n'avaient pas pris part au combat, avaient, comme on l'a dit plus haut, été arrêtés et mis en prison ; on les avait soustraits violemment à leurs affaires qui avaient été laissées à l'abandon, et confiées à la *bonne foi* mexicaine. Pour ces prisonniers, on faisait venir les repas du restaurant, mais on leur faisait payer la carte sans même qu'ils eussent la liberté d'en discuter les prix (ils payaient 2 piastres par jour).

Peu à peu, ceux qui ont été faits prisonniers les armes à la main et qui avaient été enfermés dans une prison spéciale, furent réunis aux autres, et ne firent que précéder de quelques jours les officiers, qui eux aussi furent conduits à la prison commune, où on leur donna pour logement une chambre spéciale ; les repas des officiers leur venaient de chez le restaurateur. Le gouverneur accordait 6 réaux (3 fr. 75 c.) pour la nourriture de chaque officier, plus quatre bouteilles de vin pour douze à chaque repas. Le gouverneur accordait 200 livres de viande par jour pour les autres prisonniers, et des légumes secs (riz, haricots). Nous apprîmes bientôt que les ordres du gouverneur étaient exécutés de la manière suivante : les dépenses étaient réglées par le gouverneur qui en payait le montant au commandant de place, le colonel Campusano ; or, ce dernier ne payait le dîner des officiers que 4 réaux (2 fr. 50 c.); au lieu de quatre bouteilles de vin pour douze par chaque repas, il n'en donnait que trois ; au lieu de 200 livres de viande par jour, il n'en était remis et payé que 150 ; le reste, M. le colonel le mettait dans sa poche. Les frais de la nourriture de l'infirmerie ont constamment été faits à part.

L'instruction du procès de Raousset commença. On interrogea le commandant du bataillon, quelques officiers et sous officiers ; ces messieurs jugèrent convenable de

charger Raousset, et tous, à l'exception d'un seul, cher-
chèrent pour se disculper à le rendre plus coupable qu'il
n'était; cependant quelques-uns de ces hommes s'étaient
dits ses amis, quelques-uns lui avaient fait à San Francisco tant de protestations de dévoûment, qu'il dût être
bien sensible à cette marque de souveraine ingratitude ;
néanmoins, croyant (ce qui était douteux alors) que sa
mort était résolue d'avance, il ne voulut entraîner personne dans son malheur, et refusa avec générosité de
répondre à toute question relative à d'autres qu'à lui.
Dans une lettre longue et touchante qu'il écrivit à son
frère peu d'heures avant sa mort, on trouve ce passage :
" Je n'ai pas dit une parole qui ait pu faire élever sur qui
que ce soit l'ombre d'un soupçon de complicité ; il n'en
est pas de même des malheureux pour qui je me suis dé-
voué, sur douze hommes du bataillon qui ont été inter-
rogés, dont quatre officiers, le commandant, l'officier
comptable et deux capitaines, onze ont essayé de se disculper à mes dépens, un seul, le nommé Bazajou, a répondu convenablement. Je pardonne à ces ingrats."
Le jour du procès arriva, c'était le 10 août. Son défenseur
était un capitaine qui avait été son prisonnier deux ans
auparavant à l'affaire d'Hermosillo ; ce capitaine, plein
d'estime pour Raousset et sensible encore aux bons traitements qu'il en avait reçus autrefois, demanda au gouverneur l'autorisation de le défendre ; le gouverneur fit
demander à Raousset s'il voulait l'accepter. Ce dernier
répondit : " Oui, certes, je l'accepte, car c'est un brave."
Ordre fut alors donné de laisser communiquer librement
cet officier avec le prisonnier ; en présence des faits
avoués par les officiers du bataillon, et qui ne furent pas
démentis (car il est à remarquer qu'on n'interrogea aucun témoin à décharge), la défense était difficile ; aussi
se ressentit-elle de la gêne imposée par la situation.
Raousset fut condamné pour crime de révolte et de con-
spiration à être fusillé le surlendemain. La nouvelle de
cette condamnation ne parut faire aucune impression sur
lui ; il fut reconduit en prison et le lendemain mis en
chapelle.

Nous devons dire que l'interprète officiel du gouvernement, M. Martineau, Espagnol parlant très bien français,
et que l'on avait jusque-là regardé comme un espion
chargé de surveiller les Français et notamment Raousset,
refusa positivement de lui lire la sentence, disant qu'il
estimait trop Raousset, et que tous ceux qui avaient pris
part à ce jugement ne tarderaient pas à s'en repentir.
Il fut immédiatement destitué de ses fonctions d'interprète et de maître d'école.

Nous avons cherché à nous procurer quelques renseignements sur les antécédents des membres du tribunal
qui venait de prononcer cette condamnation. Tout ce que
nous avons pu trouver se rattache à la vie de Campusano,
colonel dans l'armée, capitaine du port, commandant de
la place de Guaymas, juge d'instruction chargé de cette
affaire, et président du conseil de guerre.

Si nous voulions raconter ici tous les vols qu'il a faits
au trésor comme capitaine du port, à l'aide de ses trans-
actions avec les contrebandiers et avec les négociants qui
trouvent trop lourds les frais de la douane ; si nous voulions rapporter ici tout ce qui nous est revenu sur les
prélèvements qu'il fait, en argent ou en nature, sur les
fournitures des diverses administrations civiles et militaires, dont tout l'argent passe entre ses mains; si nous
voulions énumérer seulement toutes ses pécadilles, dont
nous avons donné plus haut un échantillon, un volume
entier ne nous suffirait pas. Bornons-nous donc à deux
faits authentiques, car ils ont reçu la consécration légale ;
c'est ce que nous ont raconté et des officiers de l'armée
et plusieurs habitants.

Ce Campusano a été condamné à la dégradation militaire et à la perte de tous ses titres et fonctions comme
traître à sa patrie, pour avoir, sur le champ de bataille,
passé à l'ennemi ; ce même Campusano a été condamné
à la dégradation civile et à la perte de tous ses droits de
citoyen, pour crime de bigamie ; et aujourd'hui, quoique
réintégré dans ses droits militaires, la dégradation civile
n'en pèse pas moins sur lui. Une de ses femmes légales
vit à Tépic, l'autre femme légale vit à Urès, et lui, leur
mari légal, vit à Guaymas avec deux maîtresses qu'il en-
tretient aux dépens des dupes qu'il fait. MM. Busquet et
Breban, restaurateurs associés, ont été tués dans le combat du 13 juillet ; peu de jours après, le colonel Campusano, remplissant ce jour-là les fonctions de commissaire
priseur, mettait sans publications préalables leur établissement à l'encan. Avant l'ouverture de la criée, il ordon-
na de mettre à la porte de la salle un individu qu'il savait
avoir envie d'acheter, et sur la première mise à prix, il
adjugea l'établissement à l'une de ses maîtresses. Cet
établissement, qui contenait pour plus de 1,000 piastres
(5,000 fr.) de matériel et de provisions, fut vendu 82 piastres (410 fr.). Mais après la vente il fallait régler, et alors
les frais, qui rentraient dans la poche du commissaire
priseur, absorbèrent la totalité du prix de l'adjudication.
On conviendra qu'il est impossible de mettre plus d'ordre
et d'économie dans ses affaires. Et c'est un pareil homme
qui a été le juge instructeur du procès de Raousset, et le
président du tribunal militaire qui l'a condamné.

La condamnation de Raousset, bien que prévue, dé-
termina cependant dans la ville la manifestation de sentiments très divers : une partie des habitants et plusieurs
officiers ne dissimulèrent nullement leur satisfaction. Les
gardes nationaux de la ville et ceux d'Hermosillo se si-
gnalèrent surtout par l'explosion de leur joie, et peu d'in-
stants après, ils se promenaient dans la ville, musique en
tête ; ceux de la ville semblaient avoir gagné une
deuxième victoire, et ceux d'Hermosillo croyaient peut-
être aussi en avoir gagné une. Une autre partie de la population et une partie des officiers de l'armée étaient loin
de partager les mêmes sentiments, et ne prenaient même
aucun soin de cacher leur mécontentement et leur tris-
tesse ; quelques-uns même faisaient des menaces de sou-
lèvement, et leur nombre indiquait suffisamment qu'une
réaction favorable à Raousset s'opérait dans les esprits.
Le gouverneur même, disait-on, voulait le sauver. Ce fut
alors que le consul américain, attentif à tout ce qui se
passait et s'étant formé une juste idée et de l'esprit de la
population et des sentiments secrets du gouverneur, était
persuadé que Raousset pouvait être sauvé, que pour cela
il suffisait d'ajourner l'exécution de quelques semaines.

Il envoya à deux reprises M. Coindreau, négociant de
la ville, près de M. Calvo, pour le prier d'user de son influence auprès du général, afin d'obtenir un ajournement
que le consul américain aurait également sollicité de son
côté. A chaque visite, le consul de France répondit à
M. Coindreau : " Et que voulez-vous que j'y fasse, ne
faut-il pas que la justice ait son cours ? " Enfin le major
Roman, désespéré de cette inaction, et voulant tenter un
dernier effort, se rendit lui-même chez le consul de
France, il lui fit offre de service, le pressa aussi vivement
qu'il le put ; mais il n'obtint d'autre réponse que celle
obtenue par M. Coindreau. Le consul américain était in-
digné et ne songea nullement à déguiser ses sentiments.

Le soir de la condamnation, Raousset fit appeler
M. Pannetrat, qui resta avec lui une demi-heure environ.
Ce temps fut employé à causer d'affaires intimes et par-
ticulières ; il lui dit qu'il avait prié le gouverneur de laisser arriver près de lui quelques amis, au nombre de

quatre, dont il avait remis les noms ; cette faveur lui fut refusée ou du moins on ne répondit pas à la demande. Il se félicitait d'avoir été condamné pour crime politique, car sa condamnation portait : " Comme conspirateur et révolté." Toutes charges de flibusterie et de piraterie avaient été écartées ; c'était donc un de ces arrêts que le temps et les événements se permettent souvent de changer, et une réhabilitation ultérieure, qui déjà commençait dans l'esprit des citoyens, pouvait en faire un martyr de la liberté de la Sonore. Cette idée lui souriait, et n'a pas peu contribué à le maintenir dans cette tranquillité d'esprit qui a si vivement impressionné ses juges, ses geôliers et ses bourreaux. A cette première visite, Raousset dit à M. Pannetrat l'embarras dans lequel il se trouvait : toutes les lettres qu'il écrivait devaient passer par les mains du consul de France, et comme, antérieurement, Raousset avait dit sur M. Calvo des choses peu favorables, il craignait que, par vengeance, ce dernier ne fît parvenir aucune de ses lettres ; aussi prévoyait-il la nécessité où il était de lui adresser une retractation de ses dires antérieurs, et c'est là ce qui le chagrinait le plus ; car il se trouvait dans l'alternative, ou de mentir à la vérité, par une rétractation, ou de ne pas écrire à sa famille et à ses amis. M. Pannetrat le quitta le cœur navré et les larmes aux yeux. Une partie de la nuit fut employée par Raousset à écrire une série de lettres à sa famille, à ses amis, au gouverneur, etc. Le lendemain il fut conduit en chapelle et fit appeler de nouveau M. Pannetrat. Dans cette deuxième visite, Raousset s'occupa presque exclusivement de sa famille et de ses amis ; il dit à M. Pannetrat qu'il avait fait son testament, qu'il le nommait son exécuteur testamentaire, et que dès lors son testament lui serait remis avec ses autres papiers. Il lui recommanda d'une manière particulière ses armes qu'il destinait à son frère. Sa bague en or, avec chaton à ses armes, avait été remise à son défenseur comme un souvenir de reconnaissance. Dans la journée, M. Calvo fut admis près de Raousset. Ce dernier lui fit part des difficultés qu'il croyait éprouver pour faire parvenir à sa famille et à ses amis les lettres et les objets qu'il leur destinait, et dit à M. Calvo que, mieux éclairé sur le passé, son intention était de faire une rétractation officielle de tout ce qu'il avait pu dire antérieurement contre lui. M. Calvo lui dit qu'il ne devait pas se préoccuper du sort de ses lettres, qu'il se faisait bon de les faire parvenir toutes aux personnes qu'il désignerait. Ce fut alors que Raousset écrivit à M. Calvo une lettre dans laquelle il rétractait officiellement tout ce qu'il avait dit ou écrit autrefois contre lui, et c'est pour cela que dans plusieurs lettres, notamment dans celle à son frère, il parle de l'erreur dans laquelle il avait vécu jusqu'alors sur le compte de M. Calvo, et lui recommande de retrancher de ses papiers certaines allégations qui s'y trouvent à son sujet. J'espère que M. le comte de Raousset-Boulbon, frère de celui que nous regrettons, ajoutera quelque foi à mes paroles, qu'il saura faire la part des circonstances, et que malgré ces rétractations obligées, il reconnaîtra que son frère disait vrai autrefois ; et je lui dirai qu'aujourd'hui comme autrefois, M. Calvo est et a été constamment son ennemi juré.

Dans la soirée, M. Pannetrat fut encore mandé par Raousset, et dans cet entretien, qui fut le dernier, il se plaignit qu'on n'eût pas laissé venir les amis qu'il avait demandés ; il parla du parti qu'il avait pris relativement à M. Calvo ; il lui indiqua les personnes auxquelles il écrivait, lui recommanda de faire parvenir toutes ses lettres, car c'était à lui qu'elles seraient remises *toutes*, ainsi que son testament.

Un fait qui paraissait donner une certaine satisfaction à notre malheureux ami, c'est qu'il avait obtenu de marcher au supplice les mains complètement libres, et d'être fusillé sans bandeau sur les yeux.

Le lendemain samedi, 12 août 1854, dès cinq heures et demie du matin, une grande agitation régnait dans la ville, l'armée se trouvait rangée en bataille sur la place du Gouvernement ; les officiers de tous grades et le gouverneur, tous en grand uniforme, étaient présents. Dans une autre partie de la ville, entre le fort et la baie, se trouvait un bataillon de ligne ; toute la population s'était portée là, et était échelonnée sur la pente du fort. A six heures précises, Raousset arriva sur ce même terrain ; il était acompagné du prêtre, avec lequel il s'entretenait, de quelques officiers et du colonel Campusano ; le calme et la tranquillité de Raousset étonnaient tous les Mexicains, qui étaient peu habitués au courage en face de la mort. Il avait la tête découverte, un chapeau de paille à la main, avec lequel il s'éventait de temps en temps ; arrivé sur le bord de la baie, à laquelle il tournait le dos, le visage tourné vers la foule qui couvrait le fort, et face à face avec un peloton composé de six soldats mexicains qui étaient venu se ranger à sept ou huit pas de lui. Un officier lui lut la sentence qui le condamnait à être fusillé ; puis Raousset ayant posé son chapeau fit une courte allocution aux Mexicains, se croisa les mains sur la poitrine, fit deux pas en avant en se rapprochant du peloton et attendit. Il se passa alors un fait singulier : l'officier commença le commandement au peloton, et le commandement ne fut exécuté que partiellement et sans ordre ; il était évident que l'officier et les soldats étaient émus et hésitaient. Le commandement fut suspendu. On envoya alors un officier près du gouverneur qui, ainsi que nous l'avons dit, se trouvait avec l'armée sur la place du Gouvernement, pour le prévenir de ce qui se passait ; l'officier revint au bout d'un instant ; le feu fut commandé, plusieurs coups de feu partirent ensemble et Raousset tomba sur la grève. Le feu s'étant mis à ses vêtements, on versa sur lui deux sceaux d'eau. Il était mort sur le coup ; une balle avait traversé la face et le crâne, deux autres avaient pénétré dans la région du cœur ; une quatrième ayant frappé sur la ligne médiane de la poitrine, avait brisé en morceaux une petite médaille en argent qui lui avait été donnée comme sauvegarde, et qu'il n'avait pas quittée d'un instant, du jour où il l'avait reçue ; une partie de cette médaille avait été refoulée dans la plaie. C'est ainsi que Raousset est mort, à l'âge de trente-six ans. Il a montré tout le courage du stoïque de l'antiquité et toute la sérénité du philosophe chrétien.

À peine l'explosion qui l'a tué eut-elle été entendue, qu'il s'éleva de tous les points de cette foule des cris et des sanglots ; toutes les femmes se sauvaient le mouchoir sur les yeux et répandant d'abondantes larmes ; beaucoup d'hommes se laissèrent aller à de douloureuses émotions qui devinrent comme sympathiques ; il semblait que chacun comprenait pour la première fois la perte que faisaient la liberté et l'indépendance de la Sonore. Les habitants se rappelleront toute la vie l'émotion profonde qui s'empara de tous les spectateurs. Le corps fut relevé, mis dans une bière et porté au lieu de sépulture. Là on le déposa à terre sur le bord d'une fosse qui avait été creusée en dehors du lieu saint. Campusano fit ouvrir la bière, et plongeant le doigt dans la plaie qui devait contenir les fragments de la médaille dont nous avons parlé plus haut, les en retira ; puis la bière refermée et les prières du prêtre achevées, le corps fut descendu dans la fosse et enterré. Le lendemain, le prêtre le fit enlever, et lui ayant fait creuser une tombe dans l'intérieur même du cimetière, il l'y fit déposer. A partir de ce moment, la population n'a plus désigné Campusano que sous le nom de *bourreau de Guaymas*.

La médaille que portait Raousset, et qui a été brisée en éclats, doit, par son testament, être remise à sa nièce.

M. Pannetrat avait demandé, par l'organe de M. Calvo, à faire élever un modeste monument aux restes de son ami ; il lui fut répondu par M. Calvo qu'il fallait pour que cela fût permis, un ordre du ministre, et qu'il en serait écrit à Mexico. Il est vrai de dire que le modèle de ce monument portait les insignes de la franc-maçonnerie, dont Raousset était un adepte, et que le parti jésuite, dominant au Mexique, a toujours proscrit ces emblèmes de l'égalité.

Quelques jours avant cette exécution, 184 prisonniers étaient partis pour San Blas ; le 25 août, 9 partirent pour Callao, et le 27, 63 partirent pour San Francisco. Il en restait encore 21 à Guaymas, qui devaient être expédiés pour San Blas dès qu'il y aurait un navire en partance.

M. Pannetrat s'embarqua comme passager sur le navire qui portait les 63 destinés pour San Francisco. Au lieu de lui remettre les papiers, les lettres et le testament de Raousset, ainsi que ce dernier l'avait expressément demandé, M. Calvo, qui lui avait formellement promis de les faire remettre à qui de droit, ne fit parvenir à M. Pannetrat que deux lettres pour deux amis de San Francisco. Quant aux lettres pour France, on ne lui en a remis qu'une copie, ainsi qu'un extrait du testament. Raousset a écrit une lettre à M. Dillon ; cette lettre devait être remise à M. Pannetrat ; elle ne l'a pas été ; qu'est-elle devenue ? Raousset avait dressé lui-même une carte de la Sonore ; cette carte, la seule exacte qui existe de ce pays, a une grande valeur commerciale, surtout en présence des événements qui se préparent et qui ne manqueront pas de fixer encore l'attention sur la Sonore. Elle fait partie de l'héritage de Raousset ; elle était entre les mains de M. Calvo. Qu'est-elle devenue ? Heureusement que j'en ai en main l'original, dont l'autre n'est qu'une copie, mais faite, il est vrai, comme l'original, de la main de Raousset. Cette carte que j'ai, ne tardera pas, j'espère, à être publiée, cela est dû à sa mémoire.

LETTRES DE M. DE RAOUSSET.

A M. ***
Guaymas, 11 août 1854.

Mon ami, je serai fusillé demain matin ; je suis *en capilla*, et c'est de là que je vous écris.

Ma fidélité à ma parole et à des engagements qui se trouvent dans le livre de gravures que je vous ai confié, m'ont obligé à combattre, le 13 juillet, malgré le doute où j'étais sur l'issue du combat. Le bataillon avait des officiers et un commandant dont j'ai dû respecter la susceptible incapacité, jusqu'à lui laisser le commandement pendant le combat. Le malheureux n'a pas compris le premier mot des instructions que je lui avais données. Dès les premiers coups de feu, le bataillon est tombé dans un affreux désordre. On ne rallie pas sous le feu des gens qui ne sont pas soldats ; on ne les ramène pas non plus en arrière sans les démoraliser. La seule chose qui restait à faire, c'était d'entraîner en avant ce troupeau d'hommes et d'enlever le quartier mexicain à l'abordage. J'ai la conscience d'avoir tenté, pour l'exécuter, tout ce que peut faire un homme intrépide. Il m'est arrivé de rester, deux ou trois minutes, à cheval sur la crête d'un mur, et un seul homme, un soldat d'Afrique nommé Delille, s'est déterminé à le franchir. Ailleurs, j'ai couru seul en avant jusqu'à la muraille du quartier mexicain, à laquelle je me suis adossé pendant quelques minutes, les bras croisés et regardant les hommes, dont pas un n'est venu. J'ai reçu là un coup de baïonnette et un coup de feu dans la manche gauche de ma chemise de laine. Il est vrai que je n'ai jamais pu réunir autour de moi et encore à la fin, lorsque l'artillerie mexicaine, entièrement démontée, avait cessé de tirer, plus de 25 à 30 hommes. Pannetrat pourra vous donner de vive voix les détails de cette affaire. Je crois, mon ami, avoir fait mon devoir envers *tout le monde*.

Le général Yañez, qui commandait les Mexicains, est un brave, et ses soldats ont tenu ferme ; car, malgré leur molesse, les français ont eu hors de combat le tiers de leur effectif ; j'ai de grandes obligations au général pour la courtoisie dont il use dans la rédaction de ma sentence et dans son exécution. Je prie que l'on joigne à cette lettre une copie de la sentence. Vous y verrez que je suis condamné comme conspirateur et révolté ; mais qu'on ne m'y qualifie ni de traître, ni de flibustier, ni de pirate. Vous pouvez, cette sentence à la main, faire rectifier tout ce qu'il y aurait d'erroné dans les publications américaines. En cela, comme en toute autre chose, vous êtes naturellement de ceux à qui je lègue le soin de ma mémoire. Je mourrai fusillé, debout, les yeux et les mains libres.

Pannetrat devant aller à Paris, je désire qu'il se charge de mes papiers pour les remettre à ma famille, à Avignon, ou à mon frère, au haras de Braine, près Laon, département de l'Aisne. Je vous prie de vouloir bien, avec M. Gronfier, faire de ces papiers un paquet ficelé et cacheté que vous confierez à M. Pannetrat, au moment de son départ, ou à toute autre personne parfaitement *sûre*, dans le cas où M. Pannetrat ne partirait pas.

Je meurs parfaitement calme et sans regrets.

J'ai conservé la médaille que votre femme m'avait donnée ; elle sera reprise sur mon cadavre et envoyée à une fille de mon frère qui la portera toute sa vie. Rendez à votre femme le baiser d'adieu qu'elle me donna quand je quittai San Francisco.

Adieu, mon ami, adieu, pensez quelquefois à moi et ne me plaignez pas.

COMTE DE RAOUSSET-BOULBON.

A M. DE LACHAPELLE.
Guaymas, 10 août 1854.

Vous avez été l'un de mes meilleurs et de mes plus fidèles amis ; vous m'avez, je crois, bien connu et apprécié ; vous avez compris ce qu'il y avait en moi de dévouement pour les intérêts et les affections des hommes qui m'entouraient ; vous savez combien peu me préoccupait ma propre personnalité. Vous êtes donc, parmi mes amis, l'un de ceux à qui je dois léguer le soin de ma mémoire ; je le fais avec confiance. A la suite d'événements dont je ne puis vous faire le récit, j'ai été fait prisonnier, traduit en conseil de guerre et condamné à mort, hier, 9 août. Ma sentence doit être exécutée demain ou après-demain. Je dois à la courtoisie du général Yañez de mourir convenablement, fusillé, debout, les yeux et les mains libres.

Je ne veux accuser personne de ma mort, et je pardonne à ceux qui l'ont causée. Je suis même, jusqu'à un certain point, satisfait des marques d'ingratitude qui m'ont été données. Tout homme emporte au delà de la tombe la responsabilité de sa vie. L'ingratitude et le supplice me seront sans doute comptés comme une expiation du mal que j'ai pu faire.

Je meurs à trente-six ans, plein de vie et de force, et pouvant dire comme André Chénier, qui se frappait le front en montant à l'échafaud : " Il y avait pourtant quelque chose là." Eh bien ! la vie me cause peu de regrets. La mienne a été traversée de beaucoup d'ennuis. J'ai une foi profonde dans l'immortalité de l'âme et dans une existence meilleure au delà du tombeau. La mort m'apparaît comme une heure de réveil et de liberté. Il ne faut pas plaindre ceux qui meurent ainsi.

Il est encore une considération qui me donne beaucoup de calme : c'est la grande quantité d'hommes qui valaient mieux que moi et qui, avant moi, ont péri par le supplice. Pourquoi me plaindrais-je de mourir comme eux.

Je vous recommande de faire mes adieux à tous ceux que vous avez su être de mes amis. Si quelques-uns s'étonnaient que je ne me sois pas brûlé la cervelle, vous leur direz que j'ai considéré le suicide comme un crime ou une lâcheté.

A vous, à ceux qui m'ont apprécié et connu, je lègue le soin de ma mémoire ; je vous dis adieu du fond de mon âme et je vous attends dans un monde meilleur.

G. DE RAOUSSET-BOULBON.

J'oubliais de dire particulièrement adieu à Mersch, ce bon et noble cœur, cet esprit si délicat, si éclairé, si modeste, lui pour qui j'ai eu tant d'estime et de sincère affection.